Bibliografische Information der Deutschen Nationalbibliothek:

Die Deutsche Bibliothek verzeichnet diese Publikation in der Deutschen Nationalbibliografie; detaillierte bibliografische Daten sind im Internet über http://dnb.d-nb.de/ abrufbar.

Impressum:

Druck und Bindung: Books on Demand GmbH, Norderstedt Germany
ISBN: 9783668623866

Dieses Buch bei GRIN:

https://www.grin.com/document/388320

Thomas Kellenberger

Konzeption eines Interviewleitfadens "Kundenbindung bei Zeitungen"

GRIN Verlag

Einsendeaufgabe

Alternative E

Studiengang: Betriebswirtschaft u. Management

Modul: Wissenschaftliches Arbeiten: Vertiefung 1

Von:

Thomas Kellenberger

Studiengang: Betriebswirtschaft u.
Management

Inhaltsverzeichnis

Abkürzungsverzeichnis

Abb.	Abbildung
Bspw.	Beispielweise
Bzgl.	bezüglich
Bzw.	beziehungsweise
d.h.	das heißt
etc.	et cetera
f.	folgende
ggf.	gegebenenfalls
Hrsg.	Herausgeber
Nr.	Nummer
S.	Seite
u.a.	unter anderem
Vgl.	Vergleiche

Anlagenverzeichnis

E1 Konzeption eines Interviewleitfadens „Kundenbindung bei Zeitungen"

Dieses Kapitel beinhaltet die Erstellung eines qualitativen Interviewleitfadens zur Ermittlung der Kundenbindung bei Abonnement Zeitungen. Forschungsziel ist die Ermittlung der Kundenbindung, woraus sich wiederum die Zufriedenheit der Kunden ableiten lässt. Anhand der Ergebnisse können Rückschlüsse gezogen werden, in welchen Bereichen eine Veränderung erwünscht wird. Der entwickelte Leitfaden befindet sich im Anhang und kann anschließend zur Befragung ausgewählter Leser eingesetzt werden.

Die Befragung gilt als das Standardinstrument in der empirischen Sozialforschung, wobei die häufigste Datenerhebungsmethode das Interview ist.[1] Das Interview ist eine mündliche Form der Befragung und ist gekennzeichnet durch eine asymmetrische Form der Kommunikation mit jeweils festgelegten Rollen, der Interviewer stellt die Fragen, der Befragte antwortet.[2] Die Interviewsituation kann in unterschiedliche Grade der Strukturiertheit aufgeteilt werden:[3]

- Standardisiertes Interview
- Halbstandardisiertes Interview (auch Leitfadeninterview genannt)
- Nichtstandardisiertes Interview

Das am häufigsten angewandte Interview ist das Halbstandardisierte Interview, welches wir in diesem Kapitel behandeln.

Ziel und Vorteil dieses Verfahrens ist die offene Gesprächsführung und die Erweiterung von Antwortspielräumen des Befragten. Dabei wird die Befragung auf der Basis eines Leitfadens geführt, der garantieren soll, dass alle forschungsrelevanten Themen angesprochen werden bzw. dass eine Vergleichbarkeit der Interviewgeschehnisse gewährleistet wird.[4] Das Leitfadeninterview wird hauptsächlich eingesetzt zur Analyse seltener oder interessanter Gruppen, als Ergänzung und Validierung anderer Forschungsinstrumente und zur Exploration, Hypothesen Entwicklung sowie zur Systematisierung vorwissenschaftlicher Verständnisse.[5]

[1] Vgl. Hussy / Schreier / Echterhoff: 2013 S.224.
[2] Vgl. Hussy / Schreier / Echterhoff: 2013 S.224.
[3] Vgl. Roth / Holling: 1999 S. 152ff.
[4] Vgl. Schnell / Hill / Esser: 2008 S.387.
[5] Vgl. Schnell / Hill / Esser: 2008 S.388.

Bei dieser Methode werden bereits vor Untersuchungsbeginn relevante Aspekte des Themas ausgewählt und in einem Leitfaden zusammengestellt.[6]

Die Kombination aus Leitfaden und variabler Handhabung, machen das Leitfadeninterview zu einem systematisch und zugleich flexiblen Instrument der Datenerhebung. Ebenfalls entstehen damit hohe wissenschaftliche Anforderungen an den Interviewer womit die Notwendigkeit einer Schulung besteht.[7] Der Nachteil dieses Verfahrens ist der höhere Zeitaufwand als bei einem standardisierten Interview. Neben den höheren Anforderungen an die Interviewer sind auch die höheren Anforderungen an die Bereitschaft der Befragten zur Mitarbeit zu nennen. Abhängig von der Qualität der Interviewer entstehen starke oder weniger starke Interview Einflüsse. Dadurch entsteht eine schwierigere Vergleichbarkeit der Ergebnisse und damit schwierigere Auswertbarkeit.[8]

Die Seiten, welche bei dem Thema „Kundenbindung bei Tageszeitungen" eine wichtige Rolle spielen, werden nun als Dimensionen aufgenommen und weiter in Kategorien unterteilt, schließlich werden dann entsprechende Indikatoren gebildet. Bei der Bildung der Indikatoren ist darauf zu achten, dass diese direkt wahrnehmbar sind. Die Begriffe werden von links nach rechts konkreter und leichter beobachtbar. Die Indikatoren können somit als Grundlage für die Entwicklung konkreter Untersuchungsmethoden dienen.

Die in dieser Arbeit verwendete Operationalisierung stammt von Rogall.[9] Die Fragen für den Leitfaden sind anhand des Studienbriefes entwickelt worden, basierend auf den Untersuchungen von Rogall im Jahr 2000.

Der Interviewleitfaden beginnt mit einer Einleitung zu dem Thema bzw. zu dem Grund der Befragung. Die Befragten werden zu Beginn begrüßt und man bedankt sich für ihre Teilnahme. Außerdem wird dem Befragten genau erklärt, um was es sich handelt und wie die Befragung ablaufen wird. Ziel der Einleitung ist es, die Befragten zur Teilnahme zu motivieren und ihr Interesse zu wecken. Danach erfolgt eine Erklärung über die streng vertrauliche Behandlung der persönlichen Daten der Befragten. Weiter geht es im formalen Teil um die persönlichen Angaben zur Person. Ermittelt werden soll das Alter, Familienstand, Beruf, Kinderanzahl und seit wann das Abonnement zur Tageszeitung besteht. Auch Ort, Datum und Uhrzeit des Gesprächs werden hier notiert. Diese Angaben sind für die Analyse

---

[6] Vgl. Hussy / Schreier / Echterhoff: 2013 S.225.
[7] Vgl. Hussy / Schreier / Echterhoff: 2013 S.225.
[8] Vgl. Schnell / Hill / Esser: 2008 S.388.
[9] Vgl. Rogall: 2000 S.150f.

wichtig und ermöglichen einen Überblick über die Bindung und Nutzung der verschiedenen Zielgruppen[10]. Sie dienen der statistischen Analyse und geben Aufschluss darüber, in wie weit die Stichprobe repräsentativ ist. Dadurch sollen die Fragen beantwortet werden, welche Unterschiede es bei den verschiedenen Altersgruppen gibt, wie die jüngeren Generationen dem Medium der Zeitung gegenüberstehen und ob Akademiker eher die Tageszeitung lesen als Hauptschulabsolventen.

Im folgenden Teil des Interviewleitfadens, dem eigentlichen Interview, werden die gegebenen Indikatoren zu Fragen formuliert, die von dem Abonnenten beantwortet werden sollen. Der Interviewer stellt nun Fragen und gibt Stichpunkte zu den Themenkomplexen. Die 6 Dimensionen des Interviewleitfadens bilden den Hauptteil der Befragung. Diese Teilbereiche werden im Interviewleitfaden optisch voneinander getrennt, um eine strukturierte Gestaltung des Interviewleitfadens für den Interviewer zu gewährleisten. In welcher Reihenfolge der Interviewer vorgeht ist ihm frei überlassen, da es sich um einen halbstandardisierten Aufbau handelt. Die Ermittlung der Kundenzufriedenheit ist sehr wichtig, da sie eine der grundlegendsten Punkte für die Bindung an die Tageszeitung darstellt. Empfehlenswert ist diesen Punkt am Ende des Interviews durchzuführen, da der Befragte anhand der vorherigen Fragen ein ehrliches Gefühl über seine Zufriedenheit entwickeln kann

Die Fragen sind klar verständlich und kurz zu formulieren, so dass die Abonnenten diese verstehen und ehrlich beantworten können. Der Interviewer hat ebenfalls die Möglichkeit Fragen zu erklären und ggf. umzuformulieren. Des Weiteren ist darauf zu achten keine Fremdwörter und unverständliche Begriffe zu verwenden. Fragen unterscheiden sich in offene, halboffene oder geschlossene Fragen, nach der Frageorientierung in immanente und exmanente Fragen und nach dem Fragetyp in direkte, indirekte, relationale und rekursive Fragen. Die Fragen des Leitfadens sollten hauptsächlich die sogenannten „W"-Fragen (Wie? Was? Wer? Wo? Warum? etc.) beinhalten. Dadurch kann der Befragte sich nicht nur zum direkten Problem, sondern auch zum relevanten Kontext äußern. Dies ist unbedingt im Forschungsinteresse, da somit auch unbekannte und neue Aspekte aufgegriffen werden können.[11]

[10] Vgl. Baur / Blasius: 2014 S.566
[11] Vgl. Hussy / Schreier / Echterhoff: 2013 S. 225.

Im Schlussteil wird dem Interviewer die Möglichkeit eingeräumt, vergessene bzw. andere erwähnenswerte, themenbezogene Informationen nachzureichen. Danach erfolgt eine Danksagung und die Unterzeichnung der Einverständniserklärung. Mit der Unterschrift erklärt sich der Befragte dazu bereit, dass seine Daten im Rahmen dieser Forschungsarbeit ausgewertet und weiterverwendet werden dürfen. Die Verabschiedung erfolgt nach allgemeinen üblichen Höflichkeitsregeln.

Folgende sechs zentrale Bestimmungsfaktoren der Kundenbindung bei Zeitungen wurden entwickelt:

Dimension: Habituelle Mediennutzung

Die habituelle Mediennutzung erfasst die bestehenden Verhaltensroutinen und Gewohnheiten der Leser. Es stellt sich die Frage wie die Leser ihre Zeitung nutzen. Man geht davon aus, je stärker ausgeprägt die Gewohnheitsfaktoren des Lesers sind, je höher ist die Bindung an die Tageszeitung.

Dimension: Variety Seeking

In dieser Dimension wird das Streben eines Lesers nach einem Produktwechsel untersucht. Interessant ist zu wissen, ob der Leser auch andere Konkurrenzprodukte bezieht. Je höher ein Leser das Bedürfnis nach Abwechslung hat, desto geringer ist die Kundenbindung.

Dimension: Soziale Wechselhemmnisse

Hier erkundigt man sich über das soziale Umfeld des Lesers. In wie weit werden die Leser durch das soziale Umfeld oder durch den Bezug zur Region beeinflusst. Die symbolisierte Tradition spielt hier auch eine sehr große Rolle.

Dimension: Ökonomische Wechselhemmnisse

Die finanziellen Aspekte beim Bezug einer Zeitung spielen bei der Wahl eine maßgebende Rolle. Wechselhemmnisse entstehen oft durch Angst vor Aufwand und zusätzlichen Kosten, was man als Leser vermeiden möchte.

Dimension: Produktfunktionen und Produkteigenschaften

Hier berichten die Leser welche Funktion und welchen Nutzen die Zeitungen für sie darstellen. Außerdem beurteilen sie die Eigenschaften der Zeitung um die Stärken und Schwächen der Zeitung herauszufinden. Je positiver ein Kunde sein Abonnement beurteilt, desto höher ist seine Bindung an diese Zeitung. Zusätzlich bringt man in dieser Dimension in Erfahrung, ob die Leser diese zur Unterhaltung, Information oder zur Weiterbildung nutzen.

Dimension: Kundenzufriedenheit

Zufriedene Leser haben eine höhere Bindung an ihre Zeitung. In dieser Dimension wird die Zufriedenheit insgesamt und die Zufriedenheit in bestimmten Teilen der Zeitung untersucht.

Der nächste Schritt dient der Überlegung der Fallauswahl bzw. des Samplings. Ziel einer wissenschaftlichen Studie sollte sein, Rückschlüsse von den Untersuchungsergebnissen der Stichprobe auf die Grundgesamtheit zu ziehen. Wichtig ist hierbei auch, dass die Stichprobe eine angemessene Zusammenstellung aufweisen kann.[12] Zunächst ist bei einer inhaltlich repräsentativen Stichprobe zu bedenken, welche Stakeholder Zeitungsverlage besitzen. Diese besitzen Dienstleister/Zulieferer (Druckereien, Papierhersteller), Gesellschaften (Gemeinden, Universitäten/Schulen, Politik), Aktionäre, Werbekunden (Kleinanzeigen, Media-Agenturen), Händler/Vertriebspartner (Presse-Großhandel, Abo-Zusteller), Mitarbeiter und Mediennutzer (Zeitungsleser und Nutzer von Onlineangeboten). Es werden in der vorliegenden Arbeit hauptsächlich die Mediennutzer angesprochen. Angestrebt wird eine maximale Variation der Stichprobe.[13] Da die Stichprobengröße innerhalb der qualitativen Methode deutlich kleiner ist als bei der quantitativen Befragung, wird hier eine Stichprobengröße von 20 Personen

[12] Vgl. Hartley: 1994 S. 225.
[13] Vgl. Patton: 1990 S. 172f.

ausgewählt. Grund dafür ist die schnellere theoretische Sättigung der qualitativen Befragung.[14]

Insgesamt werden Abonnenten aller Altersklassen, Männer und Frauen, die seit unterschiedlich langer Zeit die Zeitung abonniert haben befragt. Somit besteht eine breite Masse an Befragten, die mit den unterschiedlichen Bindungen, Erfahrungen und Meinungen der Tageszeitung gegenüberstehen. So entsteht ein ausgeglichenes Verhältnis der Befragten und ermöglicht ein breites und präzises Ergebnis, indem alle möglichen Faktoren einfließen. Bei der Entwicklung zuverlässiger Erhebungsinstrumenten sind umfassende Pretests zur Kontrolle und Verringerung dieser Probleme unverzichtbar. Ein Pretest dient zur Überprüfung der Dauer der Befragung, der ausreichenden Variation der Antworten, des Verständnisses der Fragen durch den Befragten, der Effekte der Frageanordnung usw.[15] Nachdem eventuelle Korrekturen vorgenommen wurden kann die qualitative Untersuchung beginnen.

Im Vorfeld wird ein Termin mit den Befragten vereinbart, um eine ruhige und entspannte Gesprächsatmosphäre zu ermöglichen. Der Ort sowie Datum und Uhrzeit werden festgelegt. Idealerweise sollte das Interview an einem neutralen Ort stattfinden, an dem eine Unterhaltung ungestört möglich ist.[16]

Nach Beendigung des Interviews werden organisatorische Aspekte geklärt (z.B. telefonische Erreichbarkeit bei Rückfragen). Danach ist das Interview zu Ende und es folgt für den Wissenschaftler anschließend die Analyse- und Auswertungsphase.

---

[14] Vgl. Morse: 1994 S. 220-235.
[15] Vgl. Schnell / Hill / Esser: 2008 S. 349.
[16] Vgl. Gläser / Laudel: 2010 S. 170.

E2 Telefonische Befragung im Vergleich zum Face-to-Face Interview

Mit unterschiedlichen Datenerhebungstechniken kann die Durchführung wissenschaftlicher Untersuchungen durchgeführt werden. Man unterscheidet zunächst die Verfahren der Datenerhebung durch Befragung, Beobachtung und Inhaltsanalyse. Nach der Form der Durchführung unterscheidet man „mündliche Befragung", „schriftliche Befragung",

„ Telefoninterview " und „internetgestützte Befragung"[17] Die mündliche Befragung kann entweder Face-to-Face oder per Telefon durchgeführt werden.

Mündliche Befragungen lassen sich danach unterscheiden, in welchem Ausmaß die Interviewsituation vom Forscher und vom Interviewer strukturiert wird. Es wird unterschieden zwischen „standardisiertes Interview", „nicht-standardisiertes Interview" und „halbstandardisiertes Interview / Leitfadeninterview ".[18] Dabei beschreibt die standardisierte Befragung einen klassischen Fragebogen, der in der Regel alle Antwortmöglichkeiten vorgibt und somit den Spielraum des Interviewers und des Befragten minimal hält. Dieser basiert darauf, dass für alle Befragten durch die Vorgabe festgelegter Fragen eine Gleichheit der Interviewsituation entstehen soll.[19] Unter der halbstandardisierten Methode ist ein Interview zu verstehen, das flexibel aufgebaut und aufgrund vorformulierter Fragen strukturiert wird. Gesprächsverlauf kann vom Interviewer gelenkt werden um gezielt an Informationen zu kommen.[20]

Die mündliche Befragung gilt in der empirischen Sozialforschung als die bewährteste Datenerhebungsmethode, da sich hier die meisten Informationen erfassen lassen. Die Datenerfassung kann entweder in klassischer Form von „paper-and-pencil" oder per Computer (CAPI; Computer- Assisted-Personal-Interview) erfolgen.

Diese Art des Interviews kann länger dauern, im Gegensatz zu den anderen Befragungsmethoden, ermöglicht aber den befragten Personen Fragen zu erklären oder bei missverständlichen oder falschen Antworten zu reagieren.

---

[17] Vgl. Schnell / Hill / Esser: 2008 S. 321.
[18] Vgl. Theisen: 2008 S. 88.
[19] Vgl. Schnell / Hill / Esser: 2008 S. 323.
[20] Vgl. Schnell / Hill / Esser: 1999 S. 355ff.

Auch komplexere Fragestellungen sind hierbei möglich. Mit der persönlichen Befragungsmethode kann nahezu jede Zielgruppe interviewt werden. Durch ihre Flexibilität und den variablen Gestaltungsmöglichkeiten (z.B. visuelle Effekte, Produktpräsentationen, Filme) sind die Anwendungsmöglichkeiten breit gefächert. Außerdem können zusätzliche Informationen, die über die eigentliche Frage hinausgehen z. B. die Reaktionen oder Emotionen des Befragten, erfasst und hinzugefügt werden.[21]

Allerdings birgt die Face-to-Face Befragung auch erhebliche Nachteile. Der hohe Verwaltungs- und Organisationsaufwand, der mit dieser persönlichen Befragung verknüpft ist, verursacht enorm hohe Kosten. Auch die Auswahl und Schulung des Interviewers stellt einen hohen Kostenfaktor dar. Da die Interviewergebnisse stark von den Fähigkeiten des Interviewers abhängen, müssen diese gezielt geschult werden. Eine Schulung wird zwangsläufig vorausgesetzt, denn diese beinhaltet neben den theoretischen Grundlagen zur Abhandlung des Fragebogens auch Übungsinterviews und Rollenspiele. Außerdem umfasst die Schulung das Einüben der Kontaktaufnahme sowie z.B. den Umgang mit Verweigerern.[22]

Ebenfalls können durch persönliche Anwesenheit Sympathie oder Antipathie gegenüber dem Interviewer entstehen, und die Antworten beeinflusst werden. Typische Verzerrungen innerhalb eines persönlichen Interviews sind u. a. sozial erwünschte Antworten der Probanden, um durch die Anpassung der Antworten soziale Anerkennung zu erlangen oder den befürchteten Konsequenzen zu entgehen. Hierzu zählen auch Tabuthemen und Hemmungen, welche bei einer persönlichen Befragung stärker wirken als bei anderen anonymeren Befragungsmethoden.[23] Bei mündlichen Befragungen ist der Intervieweinfluss im Vergleich zu den anderen Befragungsmethoden am Höchsten, mit zunehmender Standardisierung verliert dieser jedoch an Stärke.

Mögliche Einsatzfelder der Face-to-Face Befragung sind unter anderem die „Vor-Ort-Befragung“ („Point of Sale“). Dort werden in persönlichen Kurzinterviews z.B. in einem Einkaufszentrum, Befragungen zum Einkaufverhalten/Produktangebot gestellt.

Die telefonische Befragung findet heutzutage fast ausschließlich computerunterstützt statt. Sie gilt mittlerweile als wichtigste Befragungsmethode für die Markt- und Sozialforschung. Hierbei wird das sogenannte CATI-System eingesetzt (Computer Added Telephone Interviewing).

---

[21] Vgl. Schnell / Hill / Esser: 2008 S. 328.
[22] Vgl. Schnell / Hill / Esser: 2008 S. 352.
[23] Vgl. Schnell / Hill / Esser: 2008 S. 356.

Bei solchen Systemen arbeitet der Interviewer an einem Bildschirm interaktiv mit einem Programm, indem er die Fragen von einem Online Fragebogen abliest und die Antworten des Befragten direkt dort eingibt.

Die Fragestellung sollte bei einer telefonischen Befragung klar und präzise formuliert und der Fragebogen nicht zu lange sein. Offene Fragen erschweren die computergestützte Verarbeitung, so dass diese nur begrenzt eingesetzt werden.[24] Aufgrund der sinkenden Anzahl an Festnetzanschlüssen und steigender Zahl an Mobilfunktelefonen ist die Zahl der telefonisch durchgeführten Studien rückläufig geworden.[25]

Typische Einsatzfelder für telefonische Befragungen sind:

- Reaktionen von Konsumenten durch Veränderung der Produkte
- Ermittlung der Kundenzufriedenheit

Da der Organisationsaufwand bei Telefoninterviews geringer ist als bei Face-to-Face Befragungen, werden telefonische Befragungen eingesetzt, wenn Informationen kurzfristig beschafft werden sollen. Die zusätzliche regionale Unabhängigkeit ermöglicht eine schnelle und flexible Erhebung der Daten.[26]

Voraussetzung hierbei ist ein Festnetzanschluss und die Erreichbarkeit der zu befragenden Personen.[27]

Ein weiterer wichtiger Aspekt ist die Reduzierung des Intervieweinflusses. Unerwünschte Einflussfaktoren sind bei einem Telefoninterview geringer als bei einer persönlichen Befragung. Die telefonische Befragung hat ebenfalls einen finanziellen Vorteil, da diese Art der Befragung mit deutlich weniger Kosten verbunden ist als bei einer Face-to-Face Befragung. Fehlversuche kosten nichts und es muss kein Besuchsaufwand realisiert werden. Es wird in der Regel eine hohe Stichprobenausschöpfung ermöglicht, da man telefonisch auch Personen erreichen kann, die man sonst nicht erreichen würde.

[24] Vgl. Theisen: 2008 S. 89.
[25] Vgl. Kastin: 1995 S. 26.
[26] Vgl. Schnell / Hill / Esser: 2008 S. 375
[27] Vgl. Schnell / Hill / Esser: 2008 S. 367.

Die Telefonbefragung hat aber auch einige Nachteile. Durch die Entfernung ist die Gestik und Mimik des Befragten nicht sichtbar und kann nicht gemessen werden.

Somit ist nicht zu erkennen ob die Fragen den Befragten überfordern. Das führt häufig zum Interviewabbruch von Seiten des Befragten. Da die Telefonbefragung in der Bevölkerung aufgrund des negativen Images des Telefonmarketings nicht beliebt ist, werden telefonische Anfragen schneller abgelehnt als eine persönliche Anfrage. Auch die Flexibilität für Art und Länge der Fragestellungen sowie die des visuellen Materials (Musik, Slogan, Werbejingles) ist eingeschränkt.[28]

Zwar besteht hier eine geringere Möglichkeit der Einflussnahme durch den Interviewer als bei einer Face-to-Face Befragung, trotzdem ist auch hier die Möglichkeit zur Manipulation gegeben.

[28] Vgl. Schnell / Hill / Esser: 2008 S. 371.

E3 Gütekriterien zur Beurteilung einer qualitativen Inhaltsanalyse

Eine Inhaltsanalyse ist ein systematisches, datenreduzierendes Verfahren zur Erfassung von Textbedeutungen. Die Analyse erfolgt, indem Materialteile (Segmente) den Kategorien eines inhaltsanalytischen Kategoriensystems zugeordnet werden.[29] Das Kategoriensystem ist hierbei der Kern der Inhaltsanalyse. Die qualitative Forschung ist auf Beschreiben und Verstehen ausgerichtet während quantitative Forschung häufiger eine Kausalerklärung anstreben[30]

Um empirische Untersuchungen zu einem sinnvollen Abschluss zu bringen wird die Qualität der Forschungsergebnisse in Forschungsprojekten mittels Gütekriterien abgesichert. Bisher ist man jedoch noch nicht zu einem endgültigen Abschluss bezüglich der Auswahl der qualitativen Gütekriterien gekommen, sodass generell akzeptierte Bewertungskriterien für die qualitative Forschung nicht vorliegen.[31]

Gütekriterien sind Regeln und Vorgaben, welche als Maßstab für die Qualität von einzelnen Instrumenten und des Forschungsdesigns gelten. Damit sich auch Außenstehende eines Projekts (Auftraggeber, Öffentlichkeit, Wissenschaft) ein Urteil über den Forschungsprozess und der resultierenden Ergebnisse machen können, werden gewisse Regeln und Kriterien als Maßstab für die Qualität, angewendet.[32]

Die Gütekriterien für die quantitative Forschung können nicht eins zu eins auf die qualitative Forschung übertragen werden. Ein Teil der Wissenschaftler lehnt die Formulierung von jeglichen Kriterien vollständig ab,[33] wobei andere Wissenschaftler die Meinung vertreten, dass Gütekriterien der quantitativen Forschung (Objektivität, Reliabilität, Validität), in angepasster Form, auch geeignet für die qualitative Forschung sind.[34] Ein Verzicht auf sämtliche Gütekriterien würde zu einer völligen Willkür der Forschung führen und ist demnach auszuschließen.

---

[29] Vgl. Schnell / Hill / Esser: 2008 S. 407.
[30] Vgl. Hussy / Schreier / Echterhoff: 2013 S. 191.
[31] Vgl. Hussy / Schreier / Echterhoff: 2013 S. 23.
[32] Vgl. Berger-Grabner: 2016 S. 129.
[33] Vgl. Denzin: 1990 S. 231.
[34] Vgl. Miles / Huberman: 1994 S. 277-282.

Die quantitativen Forschungsmethoden bieten trotzdem Anregungen für die Entwicklung quantitativer Gütekriterien, obwohl die quantitativen Methoden auf anderen Auswertungsverfahren, Erkenntnistheorien und Zielen basieren.

Eine weitere Gruppe von Wissenschaftlern lehnt auch die Anpassung und Übertragbarkeit der einen Kriterien auf die anderen grundsätzlich ab. Diese Wissenschaftler fordern für die qualitative Forschung eine Entwicklung völlig neuer, unabhängiger Gütekriterien. Ihre neuen Maßgaben gründen auf wissenschaftstheoretischen Besonderheiten der qualitativen Forschung.

Die Anwendbarkeit der Gütekriterien wird in der qualitativen Forschung über die einzelnen Disziplingrenzen hinweg diskutiert. So sind beispielsweise die Soziologie, Ethnologie, Wirtschafts- und Erziehungswissenschaften, Psychologie und deren qualitative Forschung betroffen[35] Für einzelne Verfahren gibt es besonders formulierte Gütekriterien, z.B. für die qualitative Inhaltsanalyse und die „grounded theory".[36]

Situationen werden durch individuelle Prägung sowie durch die Lern- und Lebenserfahrung eines Menschen selektiv wahrgenommen. Unterschiedliche Betrachter ziehen aus den Untersuchungsergebnissen unterschiedliche Schlüsse. Zwar gilt qualitative Forschung als offen und interpretationsfreudig jedoch fordern empirische Forschungen einen verlässlichen objektiven Befund.[37] Dieser soll durch die Gütekriterien ersetzt werden.

Lincoln und Guba haben Kriterien qualitativer Forschung entworfen, die sie an die quantitativen Forschungskriterien Validität, Reliabilität und Objektivität anlehnen.[38]

- Glaubwürdigkeit
- Übertragbarkeit
- Zuverlässigkeit
- Bestätigbarkeit / Nachvollziehbarkeit
- Handlungsorientierung

Sie propagieren Glaubwürdigkeit, Übertragbarkeit, Zuverlässigkeit und Bestätigbarkeit als neue Maßvorgaben der qualitativen Forschung.

---

[35] Vgl. Mey / Mruck: 2010 S. 398.
[36] Vgl. Schnell / Hill / Esser: 2008 S. 200f.
[37] Vgl. Berger-Grabner: 2016 S. 129.
[38] Vgl. Lincoln / Guba: 1985.

Das zentrale und entscheidende Merkmal ist die Glaubwürdigkeit,[39] da sie für das Vertrauen von Forschern und Lesern in die Wahrheit der Untersuchung zuständig ist. Sie wird als Alternative zur internen Validität gesehen. Erforscht wird in der quantitativen Forschung, in wie weit externe Störeinflüsse das Ergebnis beeinflusst haben. Durch Standardisierung der Prozesse und der Datensammlung erhöht sich die interne Validität. Allerdings wiederspricht dies der qualitativen Forschung, da es die Stärken ihrer Methoden schwächen würde.[40]

Die Glaubwürdigkeit von Lincoln und Guba bezieht sich auf die Wahrheit der vorgestellten qualitativen Forschungsdaten. Sie stellen verschiedene Strategien vor, um deren Authentizität zu erhöhen.[41]

- Triangulation der Untersuchung: die Untersuchungsmethoden, Phänomene und Daten werden von einer unabhängigen, externen Person analysiert. Diese sollte zu einem ähnlichen (nicht dem gleichen) Ergebnis gelangen.
- Peer-Debriefings: periodische Besprechungen mit anderen kompetenten Personen sollen helfen, „blinde Flecke“ zu identifizieren.
- Member-Checks: kommunikative Validierung der Daten gemeinsam mit den Probanden. Durch Diskussion werden die Ergebnisse auf ihre Richtigkeit überprüft.
- Referential Adequacy: Archivierung des gesammelten Datenmaterials zum Zweck des späteren Vergleichs mit den Untersuchungsergebnissen.[42]

Die interne Studiengüte gilt zwar als Voraussetzung für die externe, stellt diese jedoch nicht automatisch sicher. Die höchsten Ziele der Qualitativen Forschung sind:[43]

- Die Übertragbarkeit eines Forschungsergebnisses
- Die Verallgemeinerung

Die Übertragbarkeit wird durch eine genaue Resultatbeschreibung erhöht. Auch eine gezielte und sehr sorgfältige Fallauswahl tragen dazu bei.

---

[39] Vgl. Mey / Mruck: 2010 S. 400.
[40] Vgl. Bortz / Döring: 2006 S. 53.
[41] Vgl. Steinke: 2000 S. 320.
[42] Vgl. Lincoln / Guba: 1985 S. 303ff.
[43] Vgl. Flick: 2009 S. 26.

Des Weiteren gibt es folgende Strategien, die die Verallgemeinerung fördern können:

- Gedankenexperiment: Bei bestehender Forschungstheorie erfolgt eine Analyse der Fälle. Sie werden bis auf die essentiell notwendigen Einzelheiten zum Aufstellen der Forschungstheorie reduziert.
- Ergebnis Filter: Ergebnisse oder Einflüsse die das Forschungsobjekt modifizieren, werden eliminiert. So können zufällige Theoriebestandteile identifiziert und aus der Forschungstheorie ausgeschlossen werden. Es entsteht eine verschlankte, agilere und übertragbare Version der Theorie.
- Fallkontrastierung: Es erfolgt eine Auswahl von Vorgängen die minimale und maximale Unterschiede zur Forschungstheorie aufweisen. So können Einflussfaktoren aufgedeckt werden. Dies lässt Rückschlüsse auf relevante Bedingungen zu.[44]

Das nächste Kriterium ist die Zuverlässigkeit, welche in der quantitativen Forschung dem Gütekriterium der Reliabilität entspricht. Die Reliabilität drückt allgemein aus, inwieweit Messmethoden und Messergebnisse wiederholbar sind. Es werden zwei Messungen desselben Objekts mit einem festgelegten Verfahren durchgeführt. Je stärker sich die Ergebnisse und Messdaten der zwei Vorgänge gleichen, desto höher ist die Reliabilität des Verfahrens.[45]

Die Ergebnisse der qualitativen Forschung sind veränderbar und nicht statisch, daher müssen sie immer in ihrem speziellen Bezugsrahmen verstanden und gedeutet werden.[46] Die Reliabilität, im Sinne einer Daten- und Ergebnisstabilität ist für qualitative Forschung als Kriterium ungeeignet, da eine Wiederholung der Daten nicht im Fokus steht.

Das Kriterium „Zuverlässigkeit" bewertet mit Hilfe von Prozessprüfungen und Verlässlichkeitsaudits den Grad der Zuverlässigkeit.[47] In einer qualitativen Untersuchung ist Verlässlichkeit gegeben, wenn z.B. die Einordnung von Textdaten in ihre Wertungskategorien konstant erfolgt. Gleichzeitig muss der zugrundeliegende Codier Leitfaden exakt angewendet und widerspruchsfrei sein.[48] Strategien zur Erhöhung der Verlässlichkeit sind eine detaillierte, jeweilige Situationsbeschreibung. Durch Gegenüberstellung von unbearbeiteten und bereits interpretierten Daten können Auslegungsfehler vermieden werden.

---

[44] Vgl. Kuckartz: 2014 S. 168.
[45] Vgl. Schnell / Hill / Esser: 2008 S. 151.
[46] Vgl. Baur / Blasius: 2014 S. 412.
[47] Vgl. Lincoln / Guba: 1985 S. 319-327
[48] Vgl. Baur / Blasius: 2014 S. 413

Die Nachvollziehbarkeit /Bestätigbarkeit entspricht dem Gütekriterium der Objektivität. Objektivität bedeutet Unabhängigkeit des Ergebnisses vom Versuchsleiter bei Durchführung, Auswertung und Interpretation des Forschungsvorhabens. Die Bestätigbarkeit als qualitatives Gütekriterium wird im Sinne einer Eigenschaft der entwickelten und praktisch angewandten Forschungsmethodik und deren Ergebnisse verstanden. Bestätigbarkeit zeigt sich, wenn die Ergebnisse nachvollziehbar und die Daten auf Quellen zurückverfolgt werden können. Außerdem sollten Prozesse und Argumente der abschließenden Erkenntnis entsprechend plausibel sein[49] Der Grad der Nachvollziehbarkeit kann mit Hilfe eines kombinierten Nachvollziehbarkeits- bzw. Ergebnisaudits bestimmt werden. Der Untersuchungsvorgang kann zusätzlich kritisch hinterfragt werden.

Die Handlungsorientierung soll als letztes Gütekriterium vorgestellt werden. Sie betrachtet die Angemessenheit des gesamten Forschungsprozesses, inklusive der Datensammlung und der Interpretationsmethodik. Die Handlungsorientierung fragt nicht nur nach der Angemessenheit des Forschungsobjektes. Die Indikation des qualitativen Vorgehens wird anhand der vorliegenden Fragestellung geprüft. Auch die Indikation der Methodenfestlegung und der Transkriptionsregelungen wird hinterfragt. Diese sollten eine gute Handhabbarkeit, Lesbarkeit und einfache Interpretierbarkeit aufweisen. Die verwendeten Methoden müssen dem Untersuchungsobjekt gegenüber angemessen sein[50] Zum Schluss erfolgt die Beurteilung der Indikation von Bewertungskriterien. Betrachtet werden die Kriterien, mit der die Interpretation und Wertung der Datensätze erfolgt. Sie sollen der Forschungsmethode, dem jeweiligen Objekt und der Forschungsfrage gegenüber angemessen sein.[51]

Die Gütekriterien werden in der Wissenschaft stark diskutiert. Glaubwürdigkeit, Übertragbarkeit, Zuverlässigkeit und Bestätigbarkeit lassen sich nicht messen. Es ist demnach auch nicht möglich einen Grad zu bestimmen, den eine Studie bezüglich dieser Kriterien erfüllen muss.[52]

---

[49] Vgl. Lincoln / Guba: 1985 S. 319-332.
[50] Vgl. Bruce: 1992
[51] Vgl. Steinke: 2000 S. 327.
[52] Vgl. Baur / Blasius: 2014 S. 422.

Anlage: Interviewleitfaden „Kundenbindung bei Tageszeitungen“

Begrüßung und Einleitung

Sehr geehrte Frau _______________/ geehrter Herr ________________.

Ich möchte Sie ganz herzlich zu unserem Interview willkommen heißen. Danke, dass Sie sich dazu bereit erklärt haben und sich heute dafür Zeit nehmen. Gerne erkläre ich Ihnen noch einmal kurz, um was es heute gehen soll und warum diese Umfragereihe durchgeführt wird:

Mein Name ist Thomas Kellenberger. Ich bin Student an der SRH Riedlingen des Studiengangs „Betriebswirtschaft und Management“. Im Rahmen einer Hausarbeit beschäftige ich mich mit dem Thema „Kundenbindung bei Tageszeitungen“. In diesem Gespräch möchte ich Ihre ehrliche, subjektive Meinung und Ihre Erwartungen an eine Tageszeitung in Erfahrung bringen.

Anschließend werde ich Ihnen in unserem gemeinsamen Interviewgespräch verschiedene offene Fragen stellen. Ich bitte Sie, mir bei der Beantwortung alles zu erzählen was für Sie wichtig und relevant erscheint. Ich werde Ihnen genügend Zeit für Ihre Antwort zur Verfügung stellen und Sie nicht vorzeitig unterbrechen. Ich stehe diesem Interview völlig wertungsneutral gegenüber. Geplant ist eine Gesprächsdauer von 45 - 50 Minuten. Mit Ihrem Einverständnis, würde ich gerne das Gespräch mit dem Tonband aufzeichnen. Die Aufnahmen ermöglichen es mir, mich völlig auf Sie zu konzentrieren, und nicht auf das Notieren Ihrer Antworten. Selbstverständlich werden diese Aufzeichnungen vertraulich behandelt und nach dem geltenden Datenschutzgesetz behandelt. Ihre Daten werden weder weitergereicht noch veröffentlicht. Auch die Auswertung aller Daten erfolgt anonymisiert. Am Schluss des Interviews werde ich Sie daher bitten, eine Einverständniserklärung zu unterzeichnen, die ich bereits vorbereitet habe.

Formaler Teil

Bevor wir mit dem eigentlichen Interview beginnen, habe ich noch paar persönliche Fragen zu Ihrer Person.

Männlich/Weiblich (das nicht Zutreffende bitte streichen)

Wie alt sind Sie? Welchen Familienstand haben Sie? Welchen Schulabschluss haben Sie erreicht? Sind Sie berufstätig? Wenn ja, in welchem Beruf sind Sie tätig? Haben Sie Kinder? Wenn ja, wie viele? Wie lange lesen Sie bereits die Tageszeitung? Wie lange besitzen Sie ein Abonnement der Tageszeitung?

Ort, Datum: ____________________

Beginn: ____________________

Ende: ____________________

Das Interview

Damit wäre der Formale Teil abgeschlossen. Ich beginne nun mit dem eigentlichen Interview, zum Thema „Kundenbindung bei Tageszeitungen".

Dimension: Habituelle Mediennutzung

Kommen wir zu Ihrem Verhalten bezüglich der Mediennutzung.

Sind Sie an das regelmäßige Lesen Ihrer Zeitung gewöhnt?

Haben Sie sich an die Struktur und Gestaltung ihrer Zeitung gewöhnt?

Könnten Sie sich an eine andere Tageszeitung gewöhnen?

Bitte beschreiben Sie, Ihre übliche Vorgehensweise beim Lesen Ihrer Zeitung.

Stichwörter: Nutzungsgewohnheit, schneller Informationsfindungs, Tagesablauf, Vermissen der Zeitung, Umgewöhnungsdauer, Reihenfolge, Rubriken, bevorzugte Tageszeit, Nichtlesen bestimmter Teile

Dimension: Variety Seeking

Im Folgenden wollen wir auf das Abwechslungssuchende Verhalten der Konsumenten sprechen.

Wie viel Wunsch nach Abwechslung haben Sie in Bezug auf Ihre Tageszeitung? Probieren Sie gern Neues aus? Nutzen Sie noch andere Konkurrenzmedien? Wenn ja, welche?

Stichwörter: Langeweile, täglich neue Informationen / Nachrichten, Bezug weitere Zeitungen, Probeabonnements, andere Medien wie Fernsehen oder Internet

Dimension: Soziale Wechselhemnisse

Ich würde gerne mit Ihnen über ihre Sozialen Einflüsse sprechen.

Inwieweit ist das Abonnement Ihrer Zeitung bei Ihnen verwurzelt? Inwiefern fühlen Sie sich durch Ihre Tageszeitung sozial an Ihre Region gebunden? Wie beeinflusst Sie Ihr soziales Umfeld in Bezug auf Ihre Zeitung? Engagieren Sie sich in Ihrer Lokalpolitik? Wenn ja, wie?

Stichwörter: Zeitungsabo als Familientradition, Zeitung als Symbol regionale Bindung, gesellschaftliche Partizipation, Abonnement im Freundeskreis, Erwartungsdruck, Angst vor Benachteiligung beim Mitreden, Bildungsquelle, Interesse, Engagement

Dimension: Ökonomische Wechselhemnisse

Im nächsten Punkt geht es um die Finanzielle Seite.

> Warum würde sich ein Wechsel Ihres Tageszeitungsabonnements lohnen / nicht lohnen?
>
> Wie ist Ihrer Meinung nach das Preis-Leistungsverhältnis Ihrer Zeitung?
>
> Nehmen Sie Treuevorteile und Rabatte der Zeitung wahr?
>
> Wie verhalten Sie sich in Bezug auf Beschwerden gegenüber Ihrer Zeitung?

Stichwörter: Wechselaufwand, Wechselkosten, Zeitungspreis, Wahrnehmung Treuevorteile, Wunsch nach Treuevorteilen, Kenntnis Beschwerdekanäle, Beschwerdeabsicht vor Kündigung

Dimension: Produktfunktion und Eigenschaften

Als nächstes würde mich interessieren welche Funktionen bzw. Eigenschaften die Zeitung bei Ihnen erfüllt.

> Welche Aufgaben und Funktionen übernimmt Ihre Zeitung?
>
> Wofür steht Ihre Zeitung?
>
> Welche Eigenschaften schreiben Sie Ihrer Zeitung zu?

Stichwörter: Informations-, Orientierungs-, Integrations-, Kultur-, Unterhaltungs-, Entspannungsfunktion, Markenartikel, Übersichtlichkeit, Handhabbarkeit, Ausführlichkeit, Objektivität, Verständlichkeit, Oberflächlichkeit, Lesernähe, Interessantheit, Modernismus, Optimismus, Glaubwürdigkeit, Aktualität

Dimension: Kundenzufriedenheit

Zum Ende unseres Interviews möchte ich gerne auf die Frage der Kundenzufriedenheit mit Ihnen eingehen.

Wie zufrieden sind Sie mit Ihrer Abonnierten Zeitung?

Bitte geben Sie Noten von 1 bis 5 an wobei:

1 für "vollkommen zufrieden"

2 für "sehr zufrieden"

3 für "zufrieden"

4 für "weniger zufrieden"

5 für "unzufrieden"

steht.

Schluss

Hiermit sind wir am Ende unseres Interviews angelangt. Haben Sie von Ihrer Seite aus noch etwas hinzuzufügen oder wollen Sie noch etwas ergänzen, was Ihrer Meinung nach noch wichtig wäre?

Ich bedanke mich herzlich für Ihre Zeit und Offenheit!

Literaturverzeichnis

Baur, N. / Blasius, J.: Handbuch. Methoden der empirischen Sozialforschung. Wiesbaden 2014.

Berger-Grabner, D.: Wissenschaftliches Arbeiten in den Wirtschafts- und Sozialwissenschaften. Wiesbaden 2016.

Bortz, J. / Döring, N.: Forschungsmethoden und Evaluation für Sozialwissenschaftler. Berlin 2006.

Bruce, G.: Comments. In: Svartvik, J.: Directions in Corpus Linguistics. de Gruyter. Berlin 1992.

Denzin, N.: Review Essay. Journal of Contemporary Ethnography. 1990.

Flick, U.: Konstruktivismus. In: Flick, U./ Kardoff, E. / Steinke, I.: Qualitative Forschung: Ein Handbuch. Reinbek 2008.

Gläser, J./Laudel, G.: Experteninterviews und qualitative Inhaltsanalyse als Instrumente rekonstruierender Untersuchungen. Wiesbaden 2010.

Glaser, B. / Strauss, A.: The Discovery of Grounded Theory. Strategies for Qualitative Research. Aldine de Gruyter. New York 1967.

Hartley, J. F.: Case studies in organizational research. In: Cassell, C.G.: Qualitative methods in Organizational Research. A practical Guide. Sage. London 1994.

Hussy, W. / Schreier, M. / Echterhoff, G.: Forschungsmethoden in Psychologie und Sozialwissenschaften. Heidelberg 2013.

Kastin, K.S.: Marktforschung mit einfachen Mitteln. München 1995.

Kuckartz, U.: Qualitative Inhaltsanalyse: Methoden, Praxis, Computerunterstützung. Weinheim 2014.

Lincoln, Y. S. / Guba, E.G.: Naturalistic Inquiry. Sage Publications. Beverley Hills 1985.

Mey, G. / Mruck, K.: Handbuch Qualitative Forschung in der Psychologie. Wiesbaden 2010".

Miles, M.B. / Huberman, A.M.: Qualitative Data Analysis. An Expanded Sourcebook. Sage Publications. Thousand Oaks 1994.

Morse, J.M.: Designing Funded Qualitative Research. In N. Y. Denzin, Handbook of Qualitative Research. London 1994.

Patton, M.: Qualitative Evaluation and Research Methods. London, 1990.

Rogall, D.: Kundenbindung als strategisches Ziel des Medienmarketings: Entwicklung eines marketingorientierten Konzeptes zur Steigerung der Leserbindung am Beispiel regionaler/lokaler Abonnementzeitungen. Marburg 2000.

Roth, E./ Holling, H.: Sozialwissenschaftliche Methoden: Lehr- und Handbuch für Forschung und Praxis. München 1999.

Schnell, R. / Hill, P. / Esser, E.: Methoden der empirischen Sozialforschung. München 2008.

Steinke, I.: Gütekriterien qualitativer Forschung. In: Flick, U.: Qualitative Forschung. Ein Handbuch. S. 3 19-33 1 .Reinbek 2000.

Theisen M.R.: Wissenschaftliches Arbeiten. München 2008.